AF332845

LES FRÈRES PEUGNET.

EXTRAIT DE L'ALMANACH POPULAIRE DU
PAS-DE-CALAIS DE 1835.

C'était en 1822, on publiait dans les rues de Paris la condamnation à mort d'un grand coupable (1). Quelques mois plus tard, les journaux annonçaient l'arrestation de son frère, accusé aussi de crime capital. Ces deux hommes sont nés dans notre département. Leur famille habite la commune de Vrau-

(1) Louis Peugnet fut condamné à mort par la cour d'assises de Colmar (août 1822), et exécuté en effigie sur la place de Belfort, le 30 septembre. *(Note de l'éditeur.)*

court, canton de Bapaume. — Un jour
on écrira leur vie, et ce sera une inté-
ressante histoire. En attendant, je vais
en raconter quelques circonstances.

Louis et *Hyacinthe Peugnet*, sortis
de l'école militaire en 1813, avaient
servi pendant deux ans comme sous-
lieutenans dans les armées impériales.
Après Waterloo, ils s'étaient retirés
dans la maison paternelle au village
de Vraucourt, alors occupée par une
garnison anglaise. L'acte d'héroïsme,
dont ce hameau fut le théâtre y a ef-
facé, avec éclat, la souillure de l'inva-
sion étrangère.

Soit qu'un lâche ennemi politique,
soit qu'un instinct brutal de haine
nationale eût excité contre les frères
Peugnet un certain nombre de ces
soldats, il arriva qu'un jour au moment où *Hyacinthe* se promenait autour du village, il fut tout-à-coup as-
sailli et terrassé par plus de vingt
hommes placés en embuscade derrière
une haie. Il était sans armes, donnant
le bras à une de ses parentes. Louis
encore souffrant d'une blessure reçue
à Waterloo, suivait, à plus de cent
pas, appuyé sur une faible canne à
épée. A la voix de son frère, il se pré-
cipite sur les aggresseurs armés de sa-
bres, de bâtons, de baïonnettes, et
venge dans le sang du premier qui
s'offre à lui, l'injure faite à l'uniforme
français. C'est un trait presque fabu-

lieux, que cette lutte d'un seul homme contre une bande furieuse qui s'accroissait à chaque instant par l'arrivée de nouveaux auxiliaires. L'intrépidité triompha du nombre. Huit anglais tombèrent sous ses coups. Le reste épouvanté prit la fuite.

Bientôt à l'aspect de tant de cadavres, le régiment tout entier était accouru autour de la demeure de nos compatriotes, en poussant des cris de mort. Eux, certains de périr, se préparaient du moins à vendre chèrement leur vie. La nuit survint au milieu de ces apprêts sinistres. Déjà, après des assauts répétés, plusieurs des assiégeants, avaient escaladé la clôture de la ferme et une de leurs balles avait couvert Louis des débris de la fenêtre où il se tenait en observation contre l'ennemi, lorsque des officiers supérieurs du régiment réussirent à pénétrer dans la maison comme parlementaires. Ils pressèrent généreusement les frères Peugnet de se couvrir de l'uniforme anglais pour échapper à la rage de la soldatesque. Tous deux à cette proposition n'eurent qu'une réponse : « Ja-
» mais nous ne dépouillerons l'uni-
» forme français pour revêtir l'unifor-
» me étranger. A ce prix, nous préfé-
» rons nous ensevelir en ces lieux où
» nous avons reçu la vie. »

Tant de noblesse dans un si grand péril avait ému si profondément tous

les chefs qu'ils descendirent jusqu'aux
supplications pour que les dignes frères se prêtassent à un autre moyen de
salut. C'était de se laisser conduire
sous escorte anglaise jusqu'à la ville
voisine. Toutes leurs instances n'ob-
tinrent encore qu'un refus. « Nous
» consentons à nous livrer à la justice,
» dit *Hyacinthe*, mais à condition que
» nous serons conduits devant elle par
» la force publique de notre pays : car
» pour l'étranger nous ne pouvons,
» comme officiers français, que protes-
» ter contre sa présence, sur le sol de
» la France. »

Les officiers anglais réussirent, et
quelques-uns même au péril de leur
propre vie, à faire accepter cette condition à leurs soldats en leur repré-
sentant la nécessité d'un grand exemple
ple et d'un supplice solennel. Alors les
frères Peugnet se remirent aux mains
de la gendarmerie qui les conduisit devant M. de Caraman à Arras.

Il faut dire à l'honneur de ce général, ancien émigré, qu'il se conduisit
loyalement envers eux. Il ne fit point
sa cour à l'opinion réactionnaire de
l'époque ni à l'étranger, aux dépens
de deux braves. Il se contenta de les
envoyer prisonniers d'état, sur parole,
à la citadelle. Cette honorable capti-
vité fut de courte durée. Sur un rap-
port favorable des chefs du régiment
anglais, le duc de Wellington, décida

qu'il n'y avait point lieu à accusation.

Les Peugnet furent rappelés au service en 1819 : d'autres dangers y attendaient leur patriotisme. Une immense conspiration s'était organisée contre les Bourbons. Elle comptait dans son sein ce que la France avait de plus honorable. Louis et Hyacinthe en firent partie. Le premier était à Belfort, le second à Strasbourg. — On sait comment l'affaire de Belfort fut découverte au moment d'éclater. Il était dix heures du soir. Louis était sorti pour rallier ses amis, lorsqu'il fut rencontré par le lieutenant de Roi qui parcourait la ville, à la tête d'une compagnie, pour se saisir des conjurés. Au cri de *qui vive*, il avait dit : « Officier du 29e régiment. » Le lieutenant de roi reconnut sa voix, et donna aux soldats l'ordre de le cerner. Peugnet lui répondit par un coup de pistolet qui l'atteignit à la poitrine. La balle fut amortie sur une croix de St.-Louis. Dans le trouble qui suivit cette explosion et la chûte de l'officier, Louis avait pu écarter deux bayonnettes déjà croisées sur sa poitrine et s'échapper par une des portes de la ville. Des soldats le poursuivirent : c'étaient des hommes de sa compagnie ; comme ils obéissaient à regret, il les laissa bientôt loin de lui.

Un officier à demi-solde le conduisit dans une ferme où il resta caché pen-

dant quinze jours. L'autorité décou-
vrit cette retraite et des gendarmes y
furent envoyés aussitôt. Ils ne s'éloi-
gnèrent qu'après de longues recher-
ches dans toutes les parties de la maison. Ils avaient oublié de lever un
plancher de grenier sous lequel Louis
respirait à peine mourant de faim.

La police s'imagina qu'il s'était di-
rigé vers la frontière. C'était en effet
la résolution la plus naturelle. Mais
par cela même il en avait adopté une
autre. Il eût l'idée de se réfugier dans
sa famille en traversant toute la France.
Arrivé près de Vraucourt, il avait at-
tendu le soir pour y pénétrer sans être
aperçu. Cette précaution faillit lui être
fatale. Il s'était introduit silencieuse-
ment dans la cour de la maison paternelle : il vint ensuite frapper contre
la fenêtre de sa sœur, en murmurant
quelques mots qui pouvaient le faire
reconnaître. Eveillée en sursaut, celle-
ci poussa un cri d'effroi..... L'allarme
avait été jetée dans la ferme : les pa-
rens et les domestiques accouraient.
Mlle Peugnet reprit ses sens. Il lui fut
aisé de mettre sur le compte d'un rêve
une peur qui aurait pu coûter la vie
à son frère.

Tandis que s'instruisait le procès de
Louis et que toutes les polices du
royaume s'agitaient pour livrer sa
tête à ce que l'on est convenu d'appeler la justice, un ancien brave, le com-

mandant Biolet, conservait pour la France, un dépôt si cher. Pendant six mois Peugnet eut pour retraite un grenier inaperçu où la digne compagne de son hôte ne cessa, un seul jour, de lui prodiguer des soins de mère. C'est là qu'un autre habitant du Pas-de-Calais qui s'est rencontré partout où il y avait de nobles périls à courir, c'est là que Frédéric Degeorge, alors étudiant en droit, vint chercher son ami pour le conduire en Belgique près du général Lawestine, dont le nom mérite d'être associé à ceux de Degeorge et du commandant Biolet.

Moins heureux que son frère, Hyacinthe Peugnet était sous les verroux. Il dut à une force d'âme invincible d'échapper à l'échaffaud et d'y soustraire en même tems ses camarades. Quelques-uns d'entr'eux, persuadés par l'officier instructeur que Peugnet avait fait les aveux les plus explicites, avaient renoncé à des dénégations qu'ils jugeaient désormais inutiles. Quand vint le tour d'Hyacinthe, on essaya envers lui le même système de perfidie : mais il ne donna point dans le piège. Vainement on plaça sous ses yeux les déclarations signées de ses amis, il nia tout. Il resta inébranlable aux séductions, aux menaces et même au tourment de la faim. Car pour abattre son courage on lui faisait attendre, privé de tout, pendant des journées entières, l'instant de l'interrogatoire. Le bourreau qui torturait si indignement un accusé, portait les épaulettes de général.

Notre courageux compatriote avait été jeté à Ste.-Pélagie dans un cabanon solitaire, où on le tenait au secret le plus rigoureux. Depuis son arrestation à Strasbourg, il n'avait revu aucun de ses amis. Il ignorait même dans quelle prison on les avait envoyés. Désespérant de pouvoir se concerter avec eux, il eût recours à un moyen extrême. Il imagina de faire le fou, et joua si bien son rôle que tout le monde y fut pris.

Le pouvoir n'est jamais assez bien servi pour que, de tems à autre, il ne se rencontre, parmi ses geôliers, quelqu'âme humaine. Un des gardiens d'Hyacinthe était un jeune homme de vingt ans. Ce brave garçon avait aperçu, à force de sympathie et d'intérêt pour son prisonnier, ce que la surveillance soupçonneuse des vieux suppôts de la police n'avait pu leur révéler. Il avait deviné que cette folie si bien jouée n'était qu'une ruse, et en faisant part à Hyacinthe de sa découverte, il lui avait en même tems offert ses services. Le premier soin du captif qui trouvait un cœur à qui se confier, fut de s'informer de ses compagnons. Il apprit qu'ils étaient dans la même prison que lui. Grâce au zèle et à l'intelligence du généreux gardien, bientôt les amis purent s'embrasser et concerter leur défense. Les premiers aveux furent rétractés, de sorte que l'autorité n'eut plus d'autre témoignage contr'eux que celui du dénonciateur. C'était un officier du 29ᵉ, nommé Charvais.

Acquitté ainsi que ses camarades de l'accusation de complot, Hyacinthe s'empressa d'aller rejoindre son frère, et tous deux s'embarquèrent à Anvers dans l'espoir de se trouver au passage de la Bidassoa avec les Français qui s'y étaient réunis sous le drapeau tricolore. Un vent contraire les ayant retenus pendant trois semaines à l'embouchure de l'Escaut, ils vinrent débarquer à Cadix.

La France était fermée à Louis Peugnet. Hyacinthe voulut partager l'exil de son frère. Ils partirent ensemble pour les Etats-Unis. J'ai entre les mains la lettre d'adieux qu'ils adressaient à une de leurs parentes à Arras. « Nous allons, disaient-ils, au Canada-
» Inférieur, établir une ferme. Alors
» nous écrirons à notre famille de ve-
» nir nous joindre ; et vous, si vos
» malheurs n'ont point de terme, ve-
» nez aussi au *Vraucourt* que nous al-
» lons créer. » En effet, ils arrivèrent au Canada où ils s'établirent. Le lieu qu'ils choisirent pour leur ferme était situé au sein des vastes forêts du continent, à 120 lieues environ dans les

terres. Ils parvinrent néanmoins à se procurer des bestiaux auprès de diverses tribus indiennes. Un jour, Louis amena deux bœufs qu'il avait échangés contre un sabre qui lui rappelait un grand souvenir. C'était l'arme dont il avait abattu à ses pieds un officier anglais qui, le voyant étendu et tout épuisé de sang dans la plaine de Waterloo, s'était élancé à sa rencontre en lui ordonnant de se rendre. Hyacinthe troqua une paire de pistolets contre une vache. Quand ils enrichissaient ainsi leur établissement c'était toujours à la suite d'excursions qui n'étaient pas sans dangers. Car n'ayant que la boussole pour guide, il leur arrivait souvent de se perdre pendant des journées entières. Les bœufs les aidaient à cultiver les terres qu'ils avaient défrichées : le lait de vache servait à les nourrir. Ils construisirent une habitation avec des troncs d'arbres : elle se composait d'une seule pièce. On s'occupait alternativement des travaux de la ferme. Celui qui restait à la hutte, préparait la farine et le porc salé : leur nourriture habituelle.

Ils passèrent une année dans cette solitude. Déjà leur établissement était en voie de prospérité : ils attendaient une récolte d'avoine, de pommes de terre, de maïs, de pamelle, lorsque Louis tomba malade : il fut obligé de quitter son frère pour se diriger vers

New-York. Hyacinthe resté seul, vit bientôt ses forces s'épuiser : il abandonna à son tour un asile qui lui était devenu insupportable loin de son frère.

Aux Etats-Unis, les plus honorables amitiés recherchèrent les frères Peugnet. Parmi les personnages avec qui ils eurent les plus intimes rapports on doit citer Joseph Napoléon, le comte Réal, le général Bernard, et M. Gener, l'ancien et courageux président des Cortès.

Le général Lafayette se plaisait à les appeler ses *glorieux complices*. C'est l'expression qu'il employa dans une lettre qu'il écrivit spontanément en présence d'Armand Carrel et de moi, quelques jours après la révolution de juillet, pour exprimer à M. le comte Molé, alors ministre des affaires étrangères, combien il eût été personnellement heureux de voir la France représentée à New-Yorck et à Washington par ses dignes amis.

Déjà, depuis plusieurs années, les frères Peugnet avaient fondé, sous les auspices de l'illustre général, une maison d'éducation aux Etats-Unis.

Je sais à quel noble usage fut consacré la petite fortune qu'ils y ont acquise. Mais il leur répugnerait d'être loués pour un dévoûment sans égal à leur famille. Aux yeux de tels hommes se sacrifier aux siens n'est pas un mérite; c'est le plus doux et le plus sacré des devoirs.

CHARLES **LEDRU**,

Avocat à la Cour royale de Paris.

ARRAS. — JEAN DEGEORGE, imprimeur, rue du Bloc, n° 88.